Anton Pavlovitch Tchekhov

Sur la grand-route

Table des matières

PERSONNAGES

EVSTIGUENIEV TIKHONE, cabaretier sur la grand-route.

BORTSOV SÉMIONE SERGUÉÏEVITCH, propriétaire ruiné.

MARIA IÉGOROVNA, sa femme.

SAVVA, vieux pèlerin.

NAZAROVNA, EFIMOVNA, pèlerines.

FÉDIA, ouvrier de fabrique.

MÉRIK IÉGOR, vagabond.

KOUZMA, un passant.

UN POSTILLON.

LE COCHER DE MME BORTSOV.

Pèlerins, conducteurs de bestiaux, passants, etc.

L'action se passe dans un des gouvernements du sud de la Russie.

Le cabaret de TIKHONE. À droite, comptoir et bouteilles. Au fond, la porte d'entrée. Au-dessus de la porte, à l'extérieur, pend une lanterne rouge, graisseuse. Le plancher et les bancs, qui entourent les murs, sont occupés par des pèlerins et des passants. Beaucoup d'entre eux, faute de place, dorment assis.

Nuit profonde. Au lever du rideau on entend le tonnerre, et on voit par les interstices de la porte le reflet des éclairs.

Scène première

EFIMOVNA, NAZAROVNA, SAVVA, FÉDIA, BORTSOV, TIKHONE

Tikhone est à son comptoir. Sur l'un des bancs, à demi couché, Fédia joue paisiblement de l'accordéon. Près de lui est assis Bortsov, en pardessus d'été usé. Par terre, près des bancs sont étendus Savva, Nazarovna et Efimovna.

EFIMOVNA, *à Nazarovna.* – Pousse un peu le vieux, la mère, on dirait qu'il va rendre l'âme !

NAZAROVNA, *soulevant un coin du cafetan que Savva a jeté sur lui, et qui cache sa figure.* – Homme de Dieu, es-tu vivant, hein ? Ou es-tu déjà mort ?

SAVVA. – Pourquoi serais-je mort ? Je suis vivant, petite mère. *(Se soulevant sur un coude.)* Couvre-moi les pieds, pauvre femme ! Comme ça ! Un peu plus le pied droit. Comme ça, petite mère ! Que Dieu te donne santé.

NAZAROVNA, *couvrant les pieds de Savva.* – Dors, petit père !

SAVVA. – Comment dormir ici ? Il faut avoir la patience de supporter ce supplice. Fermer l'œil, petite mère, il n'y faut pas même songer. Un pécheur ne mérite pas de repos. Qu'est-ce qui fait du bruit, pèlerine ?

NAZAROVNA. – C'est de l'orage que le Seigneur envoie. Le vent hurle et la pluie bat ; ça roule comme des pois secs sur le toit et les vitres. Tu entends ? Les écluses du ciel sont ouvertes. *(Il tonne.)* Saint ! saint ! saint[1] !

FÉDIA. – Ça tonne, ça ronfle, ça gronde, on n'en voit pas la fin ! Hou-hou-hou ! C'est comme la forêt qui geint… Hou-hou-hou !… Le vent hurle comme un chien. *(Il se ratatine.)* Il fait froid ! Les habits sont mouillés à les tordre, et la porte est grande ouverte… *(Il joue doucement.)* Mon accordéon est trempé, chrétiens ; il ne fait plus de musique. Sans quoi, je vous aurais régalé d'un concert, qui ne serait pas à mettre sous un bonnet ! Splendide ! Un quadrille, si on veut, ou une polka, supposons… ou un petit couplet russe. Nous pouvons tout cela… Quand j'étais garçon d'étage au grand hôtel, en ville, je n'ai pas mis d'argent de côté, mais, dans l'entente de l'accordéon, j'ai dégoté toute la musique qu'on joue. Je sais jouer aussi de la guitare.

UNE VOIX AU FOND. – À crétin propos de crétin.

FÉDIA. – Crétin toi-même.

Un silence.

NAZAROVNA, *à Savva.* – Maintenant, vieux, il faudrait que tu sois couché au chaud pour réchauffer ton pauvre petit pied. *(Une pause.)* Vieux ! Homme de Dieu ? *(Elle le pousse.)* Te disposes-tu à mourir ?

FÉDIA. – Tu devrais, père, prendre un bon petit verre d'eau-de-vie. Ça te chaufferait le dedans ; ça te brûlerait, et ça te soulagerait un peu le cœur. Bois-en donc !

---

[1] Les Russes, au moment de l'orage, prononcent cette invocation du *Sanctus* empruntée à *Isaïe,* VI, 3. Cf. *La Steppe,* t. X, chap. VII. (N. d. T.)

NAZAROVNA. – Ne fais pas le fanfaron, le gars ! Le vieux rend peut-être son âme à Dieu ; il se repent de ses péchés, et tu dis des mots pareils en brimbalant ton accordéon... Laisse ta musique ! Effronté !

FÉDIA. – Et toi, pourquoi te colles-tu à lui ? Il est sans force, et tu vas... bêtises de femmes !... Par sainteté, il ne peut pas t'envoyer un gros mot, et toi, sotte, tu es contente qu'il t'écoute... Dors, grand-papa, ne l'écoute pas ! Si elle bavarde, laisse-la faire... Une langue de femme, c'est le balai du diable ; il chasse de la maison le fou et le sage. Laisse-la faire... (*Il lève les bras.*) Et ce que tu es maigre, frère !... C'est effrayant ! Tu es tout à fait comme un *squilette* défunt. Aucune vie ! Et si, vraiment, tu allais mourir ?

SAVVA. – Pourquoi mourir ? Dieu me garde de mourir pour rien. Je serai malade quelque temps et me relèverai avec l'aide de Dieu. La mère de Dieu ne permettra pas que je meure en terre étrangère... Je mourrai à la maison...

FÉDIA. – Tu viens de loin ?

SAVVA. – De Vologda... De Vologda même... artisan de Vologda.

FÉDIA. – Et où c'est Vologda ?

SAVVA. – Au-delà de Moscou... C'est un gouvernement...

FÉDIA. – Iou-ou-ou... tu en as fait du chemin, barbu ! Et tout à pied ?

SAVVA. – À pied, mon garçon. J'ai été prier saint Tikhone de Zadonsk, et je vais aux Montagnes saintes[2]. Des Montagnes saintes, si telle est la volonté de Dieu, j'irai à Odeste[3]…Là, on dit qu'on embarque à bon marché pour Jérusalem. Vingt et un roupes[4], à ce qu'on dit.

FÉDIA. – Et tu as été à Moscou ?

SAVVA. – Je crois bien ! Cinq fois !

FÉDIA. – Une belle ville ?…*(Il fume.)* Qui vaut la peine ?

SAVVA. – Beaucoup de reliques, mon garçon…Et où il y a des reliques, c'est toujours bien.

BORTSOV, *s'approchant du comptoir dit à Tikhone.* – Je te le demande encore une fois ; donne-m'en, au nom du Christ !

FÉDIA. – Le principal, en ville, c'est qu'il y ait de la propreté…S'il y a de la poussière, il faut arroser ; s'il y a de la boue, il faut nettoyer. Il faut des maisons hautes…un théâtre, de la police…des cochers…J'ai vécu en ville ; je sais ce qui en est.

BORTSOV. – Rien qu'un petit verre… ce petit-là… À crédit ! Je te paierai !

TIKHONE. – Parbleu, oui !

BORTSOV. – Je te le demande ; fais-moi cette grâce !

TIKHONE. – Détale !

---

[2] Lieu de pèlerinage. (N. d. T.)
[3] Odessa. (N. d. T.)
[4] Roubles. (N. d. T.)

BORTSOV. – Tu ne me comprends pas…Comprends donc, ignare, s’il y a une goutte de cervelle dans ta tête de moujik en bois ! Ce n’est pas moi qui demande, mais mon intérieur, pour parler moujik comme toi ; c’est ma maladie qui demande ! Comprends !

TIKHONE. – Il n’y a rien à comprendre…Sors-toi de là !

BORTSOV. – Mais si je ne bois pas tout de suite, si je ne contente pas ma passion, je peux commettre un crime. Je peux faire le diable sait quoi ! Tu as vu, dans ta vie de cabaret, mufle, des tas de gens saouls ; est-il possible que tu ne te sois pas fait une idée de ces gens-là ? Ce sont des malades ! Mets-les à la chaîne, bats-les, coupe-les en morceaux, mais donne-leur de l’eau-de-vie ! Voyons, je t’en supplie en grâce ! Aie cette bonté ! Je m’abaisse ! mon Dieu, comme je m’abaisse !

TIKHONE. – Montre ton argent, tu auras de la vodka.

BORTSOV. – Où prendre de l’argent ?… Tout est bu… je suis rincé. Que puis-je te donner ? Il ne me reste que mon par-dessus, mais je ne peux l’enlever… Je l’ai sur la peau nue… Veux-tu mon bonnet ?

Il ôte son bonnet et le tend à Tikhone.

TIKHONE, *examinant le bonnet.* – Hum…Il y a bonnets et bonnets. Le tien a plus de trous qu’une passoire…

FÉDIA, *riant.* – C’est un bonnet de noble. C’est pour se promener dans la rue et l’ôter devant les *mamselles :* « Bon-jour ! Bonsoir ! Comment vous portez-vous ? »

TIKHONE, *rendant le bonnet à Bortsov.* – Même pour rien je n’en voudrais pas ; c’est crasse et compagnie.

BORTSOV. – Il ne te plaît pas ? Alors fais-moi crédit. Quand je reviendrai de la ville, je t'apporterai tes cinq kopecks. Que tu t'étrangles alors avec ! qu'ils te restent à travers la gorge ! *(Il tousse.)* Je te hais !

TIKHONE, *frappant du poing sur le comptoir.* – Qu'as-tu à te coller ici ? Quel homme es-tu ? Un vaurien ? Pourquoi es-tu venu ?

BORTSOV. – Je veux boire ! Ce n'est pas moi qui le veux, c'est ma maladie ! Comprends !

TIKHONE. – Ne mets pas ma patience à bout, sans quoi tu seras vite dans la steppe !

BORTSOV. – Que puis-je faire ? *(Il s'éloigne du comptoir.)* Que faire ?

Il réfléchit.

EFIMOVNA. – C'est le malin qui te trouble ; seigneur, rembarre-le ! Il te chuchote, le maudit : « Bois ! Bois ! » Et toi, dis-lui : « Je ne boirai pas, je ne boirai pas ! » Il te laissera.

FÉDIA. – Dans sa caboche, pour sûr, ça fait trou-tou-tou… son estomac s'est resserré ! *(Il rit.)* Tu as des manies, Votre No blesse. Couche-toi et dors ! Pas besoin de rester comme un épouvantail à moineaux au milieu du cabaret. Ce n'est pas un potager, ici !

BORTSOV, *furieux.* – Tais-toi ; on ne te demande rien, âne !

FÉDIA. – Parle, parle, mais ne va pas trop loin ! On connaît tes pareils ! Il y en a pas mal comme vous, qui traînent sur la grand-route ! Je vais pour ton « âne », te dresser tant l'oreille que tu en hurleras plus fort que le vent. Âne, toi-même ! Rien qui vaille ! *(Une pause.)* Canaille !

NAZAROVNA. – Le vieux fait peut-être sa prière et rend son âme à Dieu, et eux, les impies, ils se disputent et se disent toute sorte de mots…Éhontés !

FÉDIA. – Et toi, attisoir du diable, si tu es dans un cabaret, ne geins pas ! Au cabaret, on vit comme au cabaret.

BORTSOV. – Que dois-je faire ?… Quoi ?… Comment lui faire entendre ? Quelle éloquence faut-il encore ? *(À Tikhone.)* Mon sang est figé dans ma poitrine ; mon cher Tikhone, mon bon Tikhone !…*(Il pleure.)* Mon bon Tikhone !

SAVVA, *gémissant.* – Ça me tire dans le pied, comme s'il y passait une balle brûlante…Pèlerine, petite mère ?

EFIMOVNA. – Quoi, petit père ?

SAVVA. – Qui est-ce qui pleure ?

EFIMOVNA. – Le seigneur.

SAVVA. – Demande au seigneur de prier aussi pour que je meure à Vologda. La prière de ceux qui pleurent est agréable à Dieu.

BORTSOV. – Je ne prie pas, vieux ; je ne pleure pas ; c'est du jus ! Mon âme est serrée et le jus coule. *(Il s'assied aux pieds de Savva.)* C'est du jus ! D'ailleurs, vous ne comprendriez pas. Ta raison obscure, vieux, ne comprend pas ! Vous n'êtes que des ignares !

SAVVA. – Où prendre des gens éclairés ?

BORTSOV. – Il y en a, grand-père !... Eux comprendraient...

SAVVA. – Il y en a, ami, il y en a !...Les saints l'étaient...Ils comprenaient chaque peine... Sans que tu leur dises, ils comprennent... Ils te regardent dans les yeux et comprennent ; et quand ils t'ont compris, c'est une consolation, comme si tu n'avais pas eu de peine ; c'est enlevé comme avec la main.

FÉDIA. – Tu en as donc vu, toi, des saints ?

SAVVA. – C'est arrivé, mon garçon...Il y a nombre de gens sur la terre... Il y a des pécheurs, et il y a des serviteurs de Dieu...

BORTSOV. – Je ne comprends plus rien. *(Il se lève brusquement.)* Pour comprendre, il faut entendre les conversations, et est-ce que j'ai maintenant ma tête à moi ? J'ai de l'instinct... la soif...*(Il s'approche vivement du comptoir.)* Tikhone, prends mon pardessus !...Tu comprends *(il veut quitter son pardessus)* mon pardessus ?

TIKHONE. – Qu'y a-t-il sous ton pardessus ? *(Il regarde.)* La peau nue ? Ne l'ôte pas ; je ne le prendrai pas. Je ne veux pas avoir un péché sur la conscience.

Mérik entre.

Scène II

LES MÊMES, MÉRIK

BORTSOV. – Bon, je prends le péché pour moi. Consens-tu ?

MÉRIK, *il quitte en silence son cafetan et reste en lévite de tiretaine. Il a une hache à la ceinture, passée par derrière.* – Il y en a qui ont froid, mais l'ours et le vagabond ont toujours chaud ; je suis en sueur. *(Il pose la hache par terre et enlève sa lévite.)* Pour arracher un pied de la boue, on perd un seau de sueur ; tu sors un pied et l'autre enfonce.

EFIMOVNA. – C'est cela même... Mon ami, pleut-il moins ?

MÉRIK, *après avoir regardé Efimovna.* – Je ne cause pas avec les femmes.

Une pause.

BORTSOV. – Je prends le péché sur moi, Tikhone !... Entends-tu, oui ou non ?

TIKHONE. – Je ne veux pas entendre, laisse-moi !

MÉRIK. – Une obscurité comme si on avait couvert le ciel de poix. On ne voit pas le bout de son nez, et la pluie fouette la gueule comme un chasse-neige.

Il prend sa hache et ses habits dans ses bras.

FÉDIA. – Pour vous, les filous, c'est la bonne affaire. La bête fauve se cache, mais pour vous, pitres, c'est la fête !

MÉRIK. – Quel est l'homme qui dit ça ?

FÉDIA. – Regarde…Il n'a pas décampé.

MÉRIK. – On en prend note…*(Il s'approche de Tikhone.)* Bonjour, grosse face ! Tu ne me reconnais pas ?

TIKHONE. – Si l'on devait reconnaître tous les ivrognes qui passent sur la grand-route, il faudrait avoir dix yeux sous le front.

MÉRIK. – Regarde bien !

Une pause.

TIKHONE. – Mais je te reconnais, dis-moi un peu !…Je te reconnais à tes gros yeux… *(Il lui tend la main.)* Andreï Polykarpov ?

MÉRIK. – C'était Andreï Polykarpov, mais aujourd'hui, s'il te plaît, c'est Iégor Mérik.

TIKHONE. – Pourquoi ça ?

MÉRIK. – Je m'appelle d'après le papier que Dieu m'a envoyé ; je suis Mérik depuis deux mois. *(Il tonne.)* Rrrr…Tonne, je n'ai pas peur. *(Il regarde autour de lui.)* Il n'y a pas de lévriers ici[5] ?

––––––––––––––––––

[5]Des mouchards, des gens de police. (N. d. T.)

TIKHONE. – Des lévriers ? Tout au plus des moustiques et des cousins…Des gens paisibles…Les lévriers dorment maintenant sur des lits de plumes. *(À tous ; élevant la voix.)* Chrétiens, surveillez vos poches et vos hardes, si vous y tenez : il y a ici un rude lascar ; il volera !

MÉRIK. – Qu'ils surveillent leur argent, s'ils en ont, mais leurs effets je n'y toucherai pas ; je n'ai où les mettre.

TIKHONE. – Où le diable te mène-t-il ?

MÉRIK. – Au Kouban.

TIKHONE. – Ohô !

FÉDIA. – Au Kouban, ma parole ! *(Il se lève.)* Un riche endroit ! C'est un pays, frères, qu'on ne peut voir en songe, même en dormant trois ans. Quelle vaste terre ! On dit qu'il y a de ces oiseaux, de ce gibier, de ces bêtes de toute sorte, et tout ce que l'on veut, mon Dieu !…Il y a de l'herbe toute l'année, les gens y vivent cœur à cœur ; la terre, on n'en sait que faire ; le gouvernement, dit-on…c'est un petit soldat qui me l'a affirmé un de ces jours… donne trois cents arpents par gueule. C'est le bonheur, crois-moi !

MÉRIK. – Le bonheur ?... Le bonheur marche derrière notre dos…On ne le voit pas…Si tu peux mordre ton coude, tu le verras, le bonheur !…Ce n'est que de la bêtise, tout ça. *(Il regarde les bancs et les gens.)* On dirait une halte de forçats ! Bonjour, misère !

EFIMOVNA, *à Mérik.* – Quels mauvais gros yeux !…Tu as un démon en toi, le gars !…Ne nous regarde pas…

MÉRIK. – Bonjour, pauvreté !

EFIMOVNA. – Détourne-toi !... Savvouchka *(elle pousse Savva),* un mauvais homme nous regarde. Il nous portera malheur, mon chéri...*(À Mérik.)* Retourne-toi, je te dis !

SAVVA. – Il ne nous touchera pas, petite mère...Dieu ne le permettra pas.

MÉRIK. – Bonjour, chrétiens ! *(Il hausse les épaules.)* Ils se taisent ! Vous ne dormez donc pas, cagneux ? Pourquoi vous taisez-vous ?

EFIMOVNA. – Détourne tes gros yeux ! Détourne l'orgueil du diable !

MÉRIK. – Tais-toi, vieille croûte ! Il ne s'agit pas d'orgueil du diable ; c'est une caresse ; je voulais, par une bonne parole, compatir au sort malheureux. Vous vous ratatinez de froid comme des mouches, j'ai eu pitié de vous ; j'ai voulu vous dire quelque chose de tendre, cajoler votre misère ; et vous détournez vos museaux !...C'est bon, n'en parlons plus ! *(Il s'approche de Fédia.)* D'où êtes-vous ?

FÉDIA. – D'ici. De la fabrique de Khamoniev. Une briqueterie.

MÉRIK. – Lève-toi un peu !

FÉDIA, *se soulevant.* – Eh bien !

MÉRIK. – Lève-toi !... Lève-toi tout à fait ! Je vais m'étendre ici...

FÉDIA. – Voyez-moi ça !...Est-ce ta place ?

MÉRIK. – La mienne...Va te coucher par terre.

FÉDIA. – Passant, passe…Je ne cane pas…

MÉRIK. – Tu fais le loustic ! Allons, va-t'en, pas de discours ! Tu en pleureras, imbécile !

TIKHONE, *à Fédia*. – Ne lui tiens pas tête, garçon, laisse-le faire !

FÉDIA. – Quel bon droit as-tu ? Tu écarquilles tes yeux de brochet et tu te dis : Je lui ai fait peur. *(Il ramasse ses hardes entre ses bras et va s'étendre à terre.)* Démon !

Il se couche et se couvre la tête.

MÉRIK, *installé sur le banc*. – C'est que tu n'as pas vu le diable, si tu m'appelles ainsi. Les diables ne sont pas comme moi. *(Il s'étend et place sa hache à côté de lui.)* Couche-toi, hachette, ma petite sœur…Laisse-moi couvrir ton manche. Je l'ai volée…je l'ai volée, et je me trimbale avec elle comme avec un objet précieux. Ça fait dépit de la jeter et je ne sais où la mettre… C'est comme une femme qu'on n'aime plus. *(Il se couche.)* Les diables, frères, ne sont pas comme moi…

FÉDIA, *sortant la tête de dessous ses habits*. – Et comment sont-ils ?

MÉRIK. – Ils sont comme la vapeur, comme le souffle…On souffle comme ça, regarde. *(Il souffle.)* Tels ils sont ! On ne peut pas les voir.

UNE VOIX DANS UN COIN. – Quand on s'assoit sous une charrue, on voit le diable.

MÉRIK. – Je m'y suis assis et je n'ai rien vu. Les femmes et les moujiks imbéciles disent des blagues… On ne peut voir ni diable, ni follet, ni revenant ; l'œil ne peut tout apercevoir…

Quand j'étais petit, j'allais exprès, la nuit, dans le bois pour voir le diable... Je criais, criais de toutes mes forces... Je l'appelais sans baisser les yeux. On voit des tas de bêtises, mais on ne voit pas le diable. J'allais la nuit au cimetière, je voulais voir des revenants ; les femmes mentent ; j'ai vu toute sorte d'animaux, mais pour ce qui est effrayant, fouille-toi ; l'œil n'y atteint pas.

UNE VOIX DANS UN COIN. – Ne dis pas ça ! il arrive qu'on voie... Dans notre village un homme vidait un sanglier... Il ouvre les entrailles et, de là, crac, ça saute tout d'un coup !

SAVVA, *se soulevant.* – Mes enfants, ne parlez pas du Malin. C'est un péché, mes chéris !

MÉRIK. – Aha !... la barbe grise, le *squilette ! (Il rit.)* Il n'y a pas à aller au cimetière : nos morts sortent de dessous le plancher pour nous faire la morale... Un péché !... Ce n'est pas avec vos âneries qu'on peut prêcher les gens ! Vous êtes des incultes... *(Il allume sa pipe.)* Mon père était un moujik qui aimait, lui aussi, à prêcher. Une fois, il avait volé un sac de pommes, la nuit chez le prêtre ; il nous l'apporte et dit : « Enfants, ne bouffez pas de pommes avant la Transfiguration, ce serait un péché...» Vous faites comme lui !... On ne peut pas parler du diable, mais on peut l'imiter... Prenons par exemple cette vieille mégère. *(Il montre Efimovna)* Elle a vu en moi le diable, et, dans sa vie, elle lui a donné au moins cinq fois son âme pour des bêtises de femme.

EFIMOVNA, *fâchée, faisant le geste de cracher.* – Fi, fi, fi !... Que le soutien de la croix soit avec nous ! *(Elle cache sa figure dans ses mains.)* Savvouchka !

TIKHONE. – Pourquoi leur fais-tu peur ? Ça t'amuse ? *(Le vent fait claquer la porte.)* Seigneur Jésus !... Quel vent, quel vent !

MÉRIK, *s'étirant.* – Ah ! si l'on pouvait montrer sa force ! *(La porte claque.)* Ah ! se mesurer avec lui...Il ne peut pas faire sauter la porte et, moi, si je m'y mets, je déplante le cabaret ! *(Il se lève et se recouche.)* Quel supplice !

NAZAROVNA. – Fais une prière, idole ! Qu'as-tu à te tortiller ?

EFIMOVNA. – Laisse-le. Que le sol lui manque ! Il nous regarde encore ! *(À Mérik.)* Ne nous regarde pas, méchant ! Tu as des yeux comme ceux du diable avant la messe...

SAVVA. – Laissez-le regarder, pèlerines ! Priez ! Son œil ne pourra rien contre vous...

BORTSOV. – Non, je ne peux pas. C'est au-dessus de mes forces. *(Il s'approche du comptoir.)* Écoute, Tikhone ; je te le demande pour la dernière fois...un demi-verre !

TIKHONE, *hochant la tête.* – De l'argent !

BORTSOV. – Mon Dieu, mais je te l'ai déjà dit : tout est bu ! Où en prendrais-je pour te le donner ? Te ruineras-tu en me donnant une goutte à crédit ? Un petit verre de vodka te coûtera un sou et m'enlèvera ma souffrance ! Je souffre...Ce n'est pas de l'imagination, mais de la souffrance, comprends-tu ?

TIKHONE. – Conte ça à d'autres ; pas à moi... Demande aux chrétiens de t'offrir un verre pour l'amour de Dieu, s'ils le veulent ! Moi, pour l'amour de Dieu, je ne donne que du pain.

BORTSOV. – Écorche-les, ces pauvres, si tu veux, mais... mais moi, excuse !...Ce n'est pas à moi de les dépouiller. Pas à moi ! Tu comprends ? *(Il frappe du poing sur le comptoir.)* Pas à moi ! *(Une pause.)* Hum...attendez donc. *(Il se tourne du côté des pèlerins.)* Mais c'est une idée !... Chrétiens, sacrifiez-moi cinq kopecks ! Mon intérieur le demande ; je suis malade.

FÉDIA. – Voyez-moi ça, lui sacrifier !... Ce filou !... De l'eau, tu n'en veux pas ?

BORTSOV. – Comme je m'abaisse !... comme je m'abaisse !... Pas besoin ! Je n'ai besoin de rien !... Je plaisantais !

MÉRIK. – Tu ne l'attendriras pas, Votre Noblesse... C'est un pingre notoire. Attends, j'ai cinq kopecks qui traînent quelque part... Nous boirons un verre de moitié. *(il fouille dans ses poches.)* Diable !... Ils se sont fourrés quelque part... Tout à l'heure, je croyais que quelque chose sonnait dans ma poche... Non, non... frère, rien ! C'est ta chance !

Une pause.

BORTSOV. – Je ne peux pas me passer de boire ; sans cela, je commettrai un crime ou me déciderai au suicide... Que faire, mon Dieu ? *(Il regarde par la porte.)* Faut-il partir ?... Partir dans ces ténèbres, droit devant soi !...

MÉRIK. – Pourquoi, pèlerins, ne lui faites-vous pas la morale ?... Et toi, Tikhone, pourquoi ne le chasses-tu pas ?... Il ne t'a sûrement pas payé sa nuit. Chasse-le, mets-le dehors ! Les gens sont cruels aujourd'hui ! Il n'y a en eux ni douceur, ni bonté... Bêtes féroces ! Un homme se noie, et on lui crie : « Noie-toi plus vite ; on n'a pas le temps de te regarder ; on travaille, aujourd'hui. » Lui jeter une corde ! Pas question... La corde coûte de l'argent...

SAVVA. – Ne juge pas les autres, brave homme !

MÉRIK. – Tais-toi, vieux loup ! Vous êtes des bêtes féroces ! Hérodes ! Vendeurs d'âmes ! *(À Tikhone.)* Viens m'enlever mes bottes ! Vite !

TIKHONE. – Eh ! il s'en donne ! *(Il rit.)* Comme tu me fais peur !

MÉRIK. – Viens, on te dit ! Vite ! Entends-tu ? Est-ce que je parle aux murs ?

Il se lève.

TIKHONE. – Allons, allons…assez !

MÉRIK. – Je veux, buveur de sang, que tu me tires mes bottes, à moi, vagabond misérable.

TIKHONE. – Allons, allons…ne te fâche pas ! Viens boire un petit verre…Viens !

MÉRIK. – Bonnes gens, qu'est-ce que je désire ? Qu'il m'offre de l'eau-de-vie ou qu'il me tire mes bottes ? Me suis-je trompé ? N'est-ce pas ce que j'ai dit ? *(À Tikhone.)* Tu n'as donc pas entendu ? J'attends une minute. Tu entendras peut-être ?

Parmi les pèlerins et les passants règne une certaine inquiétude. Ils se soulèvent et observent Tikhone et Mérik. Attente silencieuse.

TIKHONE. – C'est le diable qui t'a amené ici. *(Il quitte son comptoir.)* En voilà un grand seigneur ! Allons, donne tout de même. *(Il lui enlève ses bottes.)* Race de Caïn…

MÉRIK. – C'est ça…Mets-les à côté l'une de l'autre…Voilà…Va-t'en !

TIKHONE, *revient à son comptoir.* – Tu aimes trop à faire le malin ! Si tu t'avises de recommencer chez moi, tu t'envoleras vite d'ici ! Oui. *(À Bortsov, qui s'approche.)* Encore toi !

BORTSOV. – Vois-tu, je peux, si tu veux, te donner un objet en or...Si tu veux, je peux te le donner...

TIKHONE. – Qu'as-tu à trembler ? Parle clairement !

BORTSOV. – C'est lâche et mauvais de ma part, mais que faire ? Je me décide à cette horreur parce que je n'ai plus ma raison...Même un tribunal m'acquitterait...Prends, mais à condition que tu me le rendes quand je reviendrai de la ville. Je te le donne devant témoins ! Vous tous, soyez témoins ! *(Il tire de sa poitrine un médaillon en or.)* Le voici...Il faudrait enlever le portrait, mais je ne sais où le mettre. Je suis tout mouillé...Alors rafle-le avec le portrait ! Seulement, écoute... voilà...Ne touche pas la figure de tes doigts !...Je t'en prie...J'ai été grossier avec toi, mon cher...j'ai été bête ; mais pardonne-moi, et...n'y pose pas les doigts !...N'y porte pas même les yeux...

Il remet le médaillon à Tikhone.

TIKHONE, *regardant le médaillon.* – Une montre volée... Allons, bien, bois ! *(Il verse de l'eau-de-vie.)* Avale...

BORTSOV. – Mais n'y pose pas les doigts...tu...

Il boit lentement, avec des arrêts convulsifs.

TIKHONE, *ouvrant le médaillon.* – Hum... une madame !...Où l'as-tu ramassée celle-là ?

MÉRIK. – Fais voir ! *(Il se lève et va au comptoir.)* Fais voir !

TIKHONE, *éloignant sa main.* – Que cherches-tu ici ? Regarde-la dans mes mains.

FÉDIA, *il se lève et va vers la porte.* – Donne que je voie aussi !

Auprès du comptoir se forme un groupe de pèlerins et de passants. Mérik tient fortement de ses deux mains la main de Tikhone et regarde en silence le portrait. Une pause.

MÉRIK. – Une belle diablesse…Une vraie dame…

FÉDIA. – Une vraie dame… des joues, des yeux…Lève la main, on ne voit pas…Des cheveux jusqu'à la taille…On dirait qu'elle vit. Elle va parler.

Une pause.

MÉRIK. – Pour l'homme faible, c'est la première perdition. Une pareille femme te monte sur le cou, et *(il fait un geste d'accablement)* tu es sous le couvercle…

On entend la voix de Kouzma : Hoo…arrête, carne !
Kouzma entre.

Scène III

LES MÊMES, KOUZMA

KOUZMA, *entrant*. – Le cabaret est à mi-chemin, pas moyen de passer sans entrer ; on passe devant son père, le jour, sans l'apercevoir ; mais le cabaret, la nuit, on le voit à cent verstes. Laissez-moi passer, vous qui croyez en Dieu ! Allons ! *(Il frappe sur le comptoir avec cinq kopecks.)* Un verre de madère, du vrai ! Vite !

FÉDIA. – Ah ! sacré babillard !…

TIKHONE. – Tiens tes bras en repos ! Tu vas casser quelque chose !

KOUZMA. – Dieu les a donnés pour qu'on les remue. L'eau vous a fondus, mes sucrés, nom d'une vieille tante ! Ils ont eu peur de la pluie, les délicats !

Il boit.

EFIMOVNA. – On a peur, brave homme, quand une nuit pareille vous attrape en chemin. Maintenant, Dieu merci, c'est une bénédiction ; il y a sur les routes beaucoup de villages et de feux ; on a où se cacher du mauvais temps. Mais avant, Dieu nous en épargne le souvenir ! Ce que c'était ! Tu aurais fait cent verstes et n'aurais pu trouver une poutre de maison…Il n'y avait qu'à dormir à même la terre…

KOUZMA. – Et il y a longtemps que tu y traînes sur la terre, la vieille ?

EFIMOVNA. – La huitième dizaine, petit père.

KOUZMA. – La huitième ?… Tu atteindras bientôt l'âge du corbeau. *(Il regarde Bortsov.)* Et qu'est-ce que c'est que ce rési-du-là ? *(Il regarde fixement Bortsov.)* Notre maître !

Bortsov ayant reconnu Kouzma se trouble, va dans un coin et s'y assied sur le banc.

KOUZMA. – Sémione Serguéïevitch, est-ce bien vous ? Hein ? Que diable faites-vous dans ce cabaret ? Est-ce votre place !

BORTSOV. – Tais-toi.

MÉRIK, *à Kouzma.* – Qui est-ce ?

KOUZMA. – Un malheureux martyr. *(Il marche nerveusement devant le comptoir.)* Hein ? Dis-moi, de grâce ?… Au cabaret ! Déguenillé ! Saoul ! Ça me retourne, frères ; ça me retourne ! *(Il dit à Mérik, à mi-voix.)* C'est notre seigneur, notre propriétaire, Sémione Serguéïevitch, monsieur Borstov… Tu vois dans quel état !… De quoi a-t-il l'air, maintenant ? Vois un peu… À quel degré d'ivrognerie !… Verse ! *(Il boit.)* Je suis de son village, Borstovka, tu as peut-être entendu parler, à vingt verstes d'ici, district d'Iérgovsk… On était serfs de son père… Quelle pitié !

MÉRIK. – Il était riche ?

KOUZMA. – Très riche…

MÉRIK. – Il a liché la fortune de son père ?

KOUZMA. – Non, le sort, mon petit !... C'était un grand monsieur, riche, sobre...*(À Tikhone.)* Tu as vu toi-même autrefois comme il passait ici, devant le cabaret, quand il allait en ville. Des chevaux de riche, ardents ; une calèche à lessorts (ressorts) premier choix ! Il avait cinq troïkas[6] petit frère...Il y a cinq ans de cela, je me rappelle, il passait près d'ici, par le bac de Mikichkinski ; au lieu de cinq kopecks, il jette un rouble. Pas le temps d'attendre la monnaie...Voilà !

MÉRIK. – Il a donc perdu la tête ?

KOUZMA. – Il semble que non... C'est arrivé par faiblesse...parce qu'il était trop bon. La première raison, enfants, c'est une femme...Il a aimé, le cher homme, une femme de la ville, et s'est imaginé qu'il n'y en avait pas de plus belle au monde...Il a été prendre un corbeau pour un épervier. Elle était fille de nobles... Non pas dépravée ou autre chose ; tout simplement écervelée...Ses jupes tournent, tournent...ses yeux clignent, clignent... et elle rit... elle rit... Aucun esprit... Les maîtres, ça leur plaît...Ils lui trouvent de l'esprit ; nous autres, moujiks, on l'aurait chassée...Bon...Elle lui plaît et le maître est perdu. Il se met à la courtiser, ceci, cela, du thé, du sucre, etc. ; toutes les nuits en canots, du piano...

BORTSOV.   Ne raconte pas, Kouzma ! à quoi bon ? Quel besoin ont-ils de savoir ma vie ?

KOUZMA. – Excusez, Votre Noblesse, je ne dis presque rien. J'ai un peu raconté, c'est assez pour eux...J'ai raconté un peu parce que ça m'a retourné...Ça m'a tant retourné !...Verse donc !

Il boit.

---

[6] Cinq attelages à trois chevaux. (N. d. T.)

KOUZMA, *à mi-voix, mais passant peu à peu au ton d'une conversation ordinaire.* – Comment ne pas l'aimer ? Ce n'est pas un seigneur de rien... On aime quelqu'un quand il a trois mille arpents à la clef, et que les poules se fatiguent de picoter son argent, tant il en a. Par lui-même un homme sérieux, de la prestance, sobre... N'importe quel chef, il lui parlait comme je te parle à présent, en lui tenant la main... *(Il prend Mérik par la main.)* « Bonjour, bonsoir ; soyez les bienvenus. » Frère, je passe comme ça, un soir, par le jardin du maître... Ce jardin, mon petit... mesure-le par verstes... Je marche doucement, je regarde. Ils sont assis sur un banc, et *(faisant claquer ses lèvres)* ils s'embrassent... Il l'embrasse une fois, et elle, le serpent, l'embrasse deux fois... Il lui prend sa blanche main, et elle s'enflamme toute ! Elle se serre contre lui, que le diable t'emporte ! « Je t'aime, dit-elle, Sénia[7]...» Et Sénia, comme un possédé, court de tous côtés et se vante par faiblesse de son bonheur. À celui-ci, il donne un rouble, à celui-là, deux... Il m'a donné aussi pour acheter un cheval... Dans sa joie, il remet ses dettes à chacun...

BORTSOV. – Ah ! mais pourquoi racontes-tu ça ? Ces gens n'ont aucune pitié... Ça me fait mal, voyons !

KOUZMA. – Ce n'est qu'un tout petit peu, maître ! Ils le demandent. Pourquoi ne pas raconter un peu ? Bon, je ne le dirai pas, si ça vous fâche... Je ne le ferai pas. Je me moque bien d'eux...

On entend les grelots de la poste.

FÉDIA. – Raconte sans crier ; raconte doucement !

------

[7] Diminutif tendre de Sémione. (N. d. T.)

KOUZMA. – Je vais parler doucement... Il ne veut pas. Rien à faire...Et il n'y a plus rien à raconter...Ils se sont mariés, voilà tout... il n'y a plus rien, ou... Verse un peu à Kouzma, l'honnête homme. *(Il boit.)* Je n'aime pas cette sacrée ivrognerie ! Juste au moment où, après le mariage, les maîtres devaient s'asseoir pour souper, elle s'enfuit dans la voiture !... *(À voix basse.)* Elle est partie en ville chez un *abloca* (avocat), son amoureux... Hein ! Quelle femme ! À un moment pareil, vraiment, ç'aurait été peu de la tuer !

MÉRIK, *pensif*. – Oui...Et ensuite ?

KOUZMA. – Il s'est perdu...Comme tu vois, il a commencé à licher, et maintenant il lève le coude ; autrefois, il s'éméchait, à présent il se remplit...Et jusqu'en ce moment, il l'aime ! Regarde, il l'aime ! Il va probablement en ville à pied, pour l'apercevoir, ne serait-ce qu'une seconde ! Quand il l'aura vue, il reviendra...

Le Courrier s'arrête devant le cabaret ; le conducteur entre et boit.

TIKHONE. – La poste est en retard aujourd'hui.

Le conducteur paie sans un mot et sort. La poste démarre avec bruit.

UNE VOIX DANS UN COIN. – Dévaliser la poste par un temps pareil est facile comme de cracher un coup.

MÉRIK. – J'ai vécu trente-cinq ans et n'ai pas encore arrêté la poste. *(Une pause.)* Maintenant elle est partie, c'est trop tard...Trop tard !

KOUZMA. – Tu veux tâter des travaux forcés ?

MÉRIK. – Il y a des gens qui n'en tâtent pas... D'ailleurs, même les travaux forcés... *(Brusquement.)* Et après qu'est-il arrivé ?

KOUZMA – C'est du malheureux que tu parles ?

MÉRIK. – Et de qui donc ?

KOUZMA. – La seconde cause d'où est venue sa ruine, l'ami, c'est son beau-frère, le mari de sa sœur...Le maître a imaginé de se porter garant pour son beau-frère, à la banque, pour trente mille roubles... Le beau-frère aime à empocher... Il connaît son intérêt, le malin, et n'a pas bougé son oreille de porc... Il a emprunté, seulement pour payer...Notre maître a donc versé les trente mille roubles *(Il soupire.)* Le nigaud souffre de sa bêtise... Sa femme a eu des enfants avec l'*abloca*[8] et le beau-frère a acheté un bien près de Poltava. Et notre maître traîne comme un sot dans les cabarets, et se plaint à nous autres moujiks : « J'ai perdu la foi, frères ; je ne peux plus croire en personne, maintenant...» Diablesse ! Chaque homme a sa peine qui lui suce le cœur comme une sangsue[9] ; il n'y a donc qu'à boire ! Prends, par exemple, notre syndic. Sa femme amène chez elle en plein jour le maître d'école. Elle dépense l'argent de son mari en boisson, et le syndic se balade et se donne des airs de rire. Il a seulement un peu maigri...

TIKHONE, *soupirant.* – C'est selon la force que Dieu donne à chacun...

KOUZMA. – C'est vrai. La force diffère selon les gens. Allons, combien te dois-je ? *(Il paie.)* Ramasse ce que ma sœur m'a fait gagner. Adieu, les gars ! Bonne nuit, dormez bien ! Je me sauve... J'amène de l'hôpital une sage-femme pour la

---

[8] Kouzma estropie le mot « avocat ».

[9] Mot à mot, comme un serpent. (N. d. T.)

dame... Pour sûr, elle est fatiguée de m'attendre. La chère femme a l'eau à la peau...

Il se sauve.

TIKHONE, *après une pause.* – Hé ! toi ! Comment t'appelles-tu ? Pauvre homme, viens boire !

Il emplit un verre.

BORTSOV, *il s'approche du comptoir en hésitant et boit.* – Alors, maintenant c'est deux verres que je te dois.

TIKHONE. – Qu'y a-t-il à devoir ? Bois, voilà tout ! Noie ton chagrin dans ta peine.

FÉDIA. – Bois aussi ma tournée, Votre Noblesse ! Eh ! *(Il jette cinq kopecks sur le comptoir.)* Boire, on meurt, et ne pas boire, on meurt aussi ! Sans eau-de-vie, c'est bien, mais avec de l'eau-de-vie, ma foi, c'est plus gai ; avec de l'eau-de-vie, le chagrin n'est plus du chagrin...Vas-y !

BORTSOV. – Ouh ! On a chaud !

MÉRIK. – Montre un peu ! *(Il prend le médaillon à côté de Tikhone et regarde le portrait.)* Ah ! elle est partie après le mariage...Quelle femme !

UNE VOIX DANS UN COIN. – Verse-lui un petit verre, Ti-cha[10]. Qu'il boive ma tournée !

MÉRIK, *il lance avec force le médaillon sur le parquet.* – La maudite !

------

[10] Diminutif d'amitié pour : Tikhone. (N. d. T.)

Il va rapidement à sa place et se couche, la tête tournée vers le mur. Agitation.

BORTSOV. – Que fait-il ? Qu'est-ce que c'est ! *(Il ramasse le médaillon.)* Comment oses-tu, animal ! Quel droit as-tu ? *(Pleurant à demi)* Tu veux que je te tue ? Hein ?... Moujik !... Malappris !...

TIKHONE. – Ne te fâche pas, Votre Noblesse ! Ce n'est pas en verre ; ce n'est pas cassé... Bois encore, et dors. *(Il lui verse un verre.)* Je vous ai écoutés et il est grand temps de fermer le cabaret.

Il va fermer la porte extérieure.

BORTSOV, *buvant.* – Comment ose-t-il ?... Un pareil imbécile ! *(À Mélik.)* Comprends-tu ? Tu es un imbécile et un âne !

SAVVA. – Mes frères, mes bons amis, « Tenez en garde vos livres »[11] ! Quel besoin de se disputer ? Laissez dormir les gens !

TIKHONE. – Couchez-vous ! Couchez-vous !... Assez ! *(Il va au comptoir et ferme la caisse.)* Il est temps de dormir !

FÉDIA. – Grand temps. *(Il se couche)* Bonne nuit, frères !

MÉRIK, *il se lève et étend sa lévite sur le banc.* – Viens, Votre Noblesse, couche-toi...

TIKHONE. – Et toi, où te coucheras-tu ?

MÉRIK. – N'importe où... Par terre, s'il le faut... *(Il étend par terre sa lévite.)* Ça m'est égal. *(Il pose sa hache à côté de*

---

[11] Citation des Psaumes, 140, 3.

lui.) Pour lui, c'est une souffrance que de dormir par terre…Il est habitué à la soie et à l'ouate…

TIKHONE, *à Bortsov.* – Étends-toi, Votre Noblesse ! Assez regardé le portrait ! *(Il éteint la bougie.)* Laisse-la !

BORTSOV, *chancelant.* – Où me coucher ?

TIKHONE. – À la place du vagabond. Tu entends ; il te cède sa place !

BORTSOV, *il s'approche de la place cédée.* – Je suis… ivre…C'est…quoi donc ?…Me coucher là ? Hein ?

TIKHONE. – Là, là, n'aie pas peur, couche-toi !…

Il s'étend sur le comptoir.

BORTSOV, *se couchant.* – Je suis…ivre…Tout tourne…*(Il ouvre le médaillon.)* Tu n'as pas de bougies ? *(Un silence.)* Tu es drôle, Mâcha[12] ; tu me regardes de ton cadre, et tu ris…*(Il rit.)* Je suis ivre. Mais est-ce qu'on peut se moquer d'un ivrogne ? Ne fais pas attention, comme dit Stchaslivtsev[13], et aime un ivrogne…

FÉDIA. – Comment le vent hurle. Ça fait peur !

BORTSOV, *riant.* – Que tu es drôle, Mâcha !… Peut-on tourner ainsi ? Je ne peux pas t'attraper !

––––––––––

[12] Diminutif affectueux de Marie. (N. d. T.)

[13] Personnage d'un drame d'Ostrovski *(La Forêt).* En fait la citation ne figure pas dans le texte de la pièce mais est bien attestée dans la pratique théâtrale (monologue final du personnage).

MÉRIK. – Il divague en regardant le portrait... *(Il rit.)* En voilà une histoire ! Les messieurs instruits ont inventé toute sorte de machines et de médicaments, mais il n'y a pas encore un homme d'esprit qui ait trouvé un remède contre le sexe féminin. Ils cherchent à guérir les maladies, mais il ne leur vient pas en tête que les femmes perdent bien plus de gens que les maladies... Elles sont rusées, avides, dures, aucun esprit... La belle-mère poursuit la bru ; la bru s'ingénie à mettre son mari dedans...ça n'en finit pas.

TIKHONE. – Les femmes lui en ont fait voir... Alors il se rebiffe !...

MÉRIK. – Je ne suis pas le seul... Depuis le commencement du monde, il y a des siècles que les hommes en pleurent... Ce n'est pas pour rien que, dans les chansons et les contes, on met le diable et la femme dans le même sac...C'est au moins à moitié vrai. *(Un silence.)* Le seigneur a fait des bêtises, et moi, est-ce par grand esprit que je suis devenu vagabond, que j'ai quitté père et mère ?...

FÉDIA. – Les femmes, toi aussi ?...

MÉRIK. – Moi aussi, comme Sa Noblesse...J'étais comme maudit, ensorcelé ; je me vantais de mon bonheur...j'étais nuit et jour comme dans le feu. Vint le moment où j'ouvris les yeux... Ce n'était pas de l'amour ; ce n'était que tromperie...

FÉDIA. – Alors que lui as-tu fait ?

MÉRIK. – Ce n'est pas ton affaire...*(Une pause.)* Tu crois que je l'ai tuée ? Mes mains sont trop courtes ! On ne tue pas, et, même, on a pitié... Vis, et...sois heureuse ! Que mes yeux seulement ne te voient pas, que je puisse t'oublier, engeance de vipère !

TIKHONE. – Le diable amène quelqu'un. Qui est là ? *(On frappe.)* Qui frappe ? *(Il se lève et s'approche de la porte.)* Passe, c'est fermé !

UNE VOIX DERRIÈRE LA PORTE. – Laisse-nous entrer, Tikhone, aie cette bonté ! Le ressort de la voiture a cassé ! Viens-nous en aide comme un père. Si on l'attache avec une corde, on arrivera d'une façon ou de l'autre.

TIKHONE. – Qui est là ?

LA VOIX DERRIÈRE LA PORTE. – Nous revenons de la ville, et ma dame va à Varsonofiévo…Il ne nous reste que cinq verstes…Aide-moi ; fais-moi cette grâce !

TIKHONE. – Va dire à ta dame que, si elle donne dix roubles, il y aura une corde et on réparera le ressort.

LA VOIX DERRIÈRE LA PORTE. – Tu perds la tête, sûrement ; dix roubles ! Chien enragé, tu te réjouis du malheur des autres !

TIKHONE. – À ton idée… Si tu ne veux pas, n'en parlons plus.

LA VOIX DERRIÈRE LA PORTE. – Bon attends ! *(Une pause.)* Madame a dit : bien.

TIKHONE. – Soyez les bienvenus !

Il ouvre la porte et laisse entrer le cocher.

Scène IV

LES MÊMES, LE COCHER

LE COCHER. – Bonne santé ! chrétiens ! Allons, donne vite la corde. Les gars, qui vient aider ? Il y aura un pourboire !

TIKHONE. – Pourquoi leur donner un pourboire ? Qu'ils pioncent ! Nous arrangerons la voiture à nous deux !

LE COCHER. – Ouf, je suis éreinté ! Il fait froid, sale, pas un fil sec !…Dis-moi encore, mon cher…N'as-tu pas une chambrette pour que la dame puisse se réchauffer ? La voiture penche ; on ne peut y rester assis…

TIKHONE. – Quelle chambre veut-elle encore ? Qu'elle se chauffe ici, si elle a froid !… On lui trouvera une place ! *(Il s'approche de Bortsov et dégage une place auprès de lui.)* Levez-vous, levez-vous ! Restez une heure par terre, tant que la dame se réchauffera ! *(À Bortsov.)* Lève-toi un peu, Ta Noblesse ! Restez assis ! *(Bortsov se soulève.) (Au cocher.)* Te voici une place !

Le cocher sort.

FÉDIA. – Une visite que le malin amène !…Maintenant, on ne dormira pas jusqu'au jour.

TIKHONE. – Dommage de n'avoir pas demandé quinze roubles. Elle les aurait donnés…*(Il s'arrête devant la porte en une pose d'attente.)* Vous autres, tenez-vous ; ne dites pas de gros mots !

Maria Iégorovna entre. Le cocher la suit.

Scène V

LES MÊMES, MARIA IÉGOROVNA ET LE COCHER

TIKHONE, *saluant.* – La bienvenue à Votre Excellence ! Notre logis est pour les moujiks, c'est un nid à cafards ; n'en soyez pas trop dégoûtée...

MARIA IÉGOROVNA – Je n'y vois rien ;...où dois-je avancer ?

TIKHONE. – Ici, Votre Excellence ! (*Il la conduit vers la place faite à côté de Bortsov.*) Je n'ai pas de chambre à part, excusez-moi, mais n'ayez pas peur, madame, ici les gens sont braves, tranquilles...

MARIA IÉGOROVNA, *s'asseyant à côté de Bortsov.* – Comme l'air est lourd ! Ouvrez au moins la porte !

TIKHONE. – Bien, madame !

Il court ouvrir la porte toute grande.

MÉRIK. – Les gens ont froid, et elle veut la porte grande ouverte ! (*Il se lève et referme la porte brusquement.*) Quelle est cette ordonnatrice ?

Il se recouche.

TIKHONE. – Excusez, Votre Excellence, c'est un faible d'esprit...Un nigaud...Mais n'ayez pas peur, il ne vous fera rien.

Seulement pardon, madame, dix roubles ça ne suffit pas…
Quinze, si vous voulez ?

MARIA IÉGOROVNA. – Bien, seulement plus vite !

TIKHONE. – Tout de suite… Ça va être fait en un clin
d'œil. *(Il tire une corde de dessous le comptoir.)* En une minute…

Une pause.

BORTSOV, *considérant Maria Iégorovna.* – Marie… Mâcha !…

MARIA IÉGOROVNA, *regardant Bortsov.* – Qu'est-ce que
c'est, encore ?

BORTSOV. – Marie…C'est toi ? D'où viens-tu ?

*Maria Iégorovna, ayant reconnu Bortsov, pousse un cri et
s'élance au milieu du cabaret.*

BORTSOV, *la suivant.* – Marie, c'est moi !…Moi ! *(il rit.)*
Ma femme !…Marie !…Où suis-je donc ?…Bonnes gens, de la
lumière !

MARIA IÉGOROVNA. – Reculez-vous ! Vous mentez, ce
n'est pas vous ! Impossible ! *(Elle se cache la figure dans les
mains.)* C'est un mensonge ! Une absurdité !

BORTSOV. – Sa voix ! Ses mouvements ! Marie, c'est moi !
Tout de suite je ne vais plus être ivre…La tête me tourne…Mon
Dieu ! Attends, attends ! Je ne comprends rien !…*(Il crie.)* Ma
femme !

Il tombe à ses pieds et sanglote. Il se forme un groupe autour
des époux.

MARIA IÉGOROVNA. – Reculez-vous ! *(Au cocher.)* Denis, partons ! Je ne puis plus rester ici !

MÉRIK, *se dresse et la regarde fixement.* – Le portrait ! *(il la saisit au poignet.)* C'est elle-même. Eh, braves gens, c'est sa femme !

MARIA IÉGOROVNA. – Arrière, moujik ! *(Elle tâche de se libérer.)* Denis, qu'attends-tu ? *(Denis et Tikhone accourent vers elle et prennent Mérik sous les bras.)* C'est un repaire de brigands ! Lâche donc ma main ! Je n'ai pas peur ! Allez-vous-en !

MÉRIK. – Attends, je vais te lâcher tout de suite… Laisse-moi seulement te dire un mot… Un mot pour que tu comprennes… Attends ! *(Il se tourne vers Tikhone et Denis.)* Arrière, manants ! ne me retenez pas ! Je ne la lâcherai pas avant d'avoir dit le mot… Attends ?… tout de suite… *(Il se frappe le front du poing.)* Non, Dieu ne m'a pas donné d'esprit ; je ne peux pas trouver le mot qu'il faut !

MARIA IÉGOROVNA, *arrachant sa main.* – Va-t'en, ivrogne ! Partons, Denis !

Elle veut aller vers la porte.

MÉRIK, *lui barrant le passage.* – Mais donne-lui au moins un regard ! Dis-lui seulement un mot tendre ! Je t'en prie, au nom de Dieu !

MARIA IÉGOROVNA. – Délivrez-moi de cette espèce de fou !

MÉRIK. – Alors, maudite !

Il lève la hache. Effroyable agitation. Tous se lèvent avec bruit, poussant des cris de terreur. Savva se place entre Mérik et Maria Iégorovna. Denis repousse Mérik et emporte sa maîtresse hors du cabaret. Après cela, tous restent comme pétrifiés. Silence prolongé.

BORTSOV, *battant l'air de ses mains.* – Marie !…Où es-tu, Marie ?

NAZAROVNA. – Mon Dieu ! mon Dieu !…Vous m'avez arraché l'âme, meurtriers !…Quelle nuit maudite !

MÉRIK, *abaissant la main avec la hache.* – L'ai-je tuée, ou non ?

TIKHONE. – Remercie Dieu, ta tête est sauvée…

MÉRIK. – Alors je ne l'ai pas tuée ? *(Il regagne sa place en chancelant.)* Le sort n'a pas voulu qu'elle meure d'un coup de hache volée !…*(Il tombe sur sa couche et sanglote.)* Dégoût de la vie !…Horreur !…Plaignez-moi, chrétiens !

RIDEAU